LOS SAQUEOS DEL TIEMPO

Stathis Kutsunis

LOS SAQUEOS DEL TIEMPO

Traducción
José Antonio Moreno Jurado

EL ÁRBOL DE LA LUZ
59
ΤΟ ΦΩΤΟΔΕΝΤΡΟ

Padilla Libros Editores y Libreros
Sevilla 2024

C O L E C C I Ó N
P O É T I C A
D E A U T O R E S G R I E G O S
C O N T E M P O R Á N E O S
EL ÁRBOL DE LA LUZ
TO   ΦΩΤΟΔΕΝΤΡΟ
N.º 59

Título original: *Τα λάφυρα του χρόνου*

© de los poemas: STATHIS KUTSUNIS

© de la traducción: JOSÉ ANTONIO MORENO JURADO
© de la presente edición: PADILLA LIBROS

ISBN: 978-84-8434-801-6

D. Legal: SE 1793-2024

1.ª impresión, julio de 2024

PADILLA LIBROS EDITORES Y LIBREROS
C/ Trajano n.º 18
41002 Sevilla (España)
editorial@padillalibros.com

ESTUDIOS SOBRE VOZ Y POESÍA
(1987)

RETRATO

Me gusta mi mujer
como es
con ojos insaciables y
sabor a lluvia otoñal
el cuerpo lleno de alce y dolor
como melancolía

me gusta mi mujer
como es
pura como confesión
ramera y sin embargo virgen
ácida y sin embargo dulce
amarga y sin embargo llena de pequeños
    dioses
sosteniendo la melodía de su sollozo
cara a cara con el niño del dolor

me gusta mi mujer
como es
perpendicular al vórtice de los tiempos
caparazón en la escarcha de sus pechos
sangrante y oscura

sola como lugar santo
siempre encinta
siempre enamorada

me gusta mi mujer
como es

transparente

RETUMBO NOCTURNO

Cuento mi vida
por las horas de la piedra
las redes del Sol
y el silencio de Tu voz
que suena desde muy lejos

inflexible
con los errores de la noche
mantengo en mí la marcha de los astros

VENDIMIA DE SANGRES
(1991)

EMANCIPACIÓN

Llegó la mujer acusada
chimenea fumando
los remordimientos

llegó ensangrentando
el pecado de vendimiar
escupe a la acusada
lava las palabras
las estira en la oscuridad
las tiende al sol
para que reviva la sangre seca
para que las cosas ganen
su libertad

ARRIERO

Un gitano vive en mí
trabaja mis entrañas impagadas
hurga la piel con un alambre
incansablemente martillea la carne
templa los huesos

y cuando tiene hambre come mi hígado
y cuando tiene sed bebe mi sangre
y cuando se cansa se tiende en mis nervios

llevo al gitano siempre salvaje
pesada carga

inestimable

VARIACIÓN

Llegó con prestada
luz de tus ojos
deseaba colores sudorosos
en los dedos heridos
y te habías casi enteramente
trasladado a él
yo veía que en el ombligo
surgía leche roja
lunas caían de los párpados
y entre las piernas un cachorro
gritaba lloroso
mostrando sus dientes negros

EL AHOGAMIENTO DEL ANIMAL

Cabalgando bajo la piel de caballo
palabras agujereadas en la sangre
acechando el último
espasmo para escapar

tus pechos levantaron alas
clavan el tragaluz
retenidos se vertieron de los ojos

tiraste entonces de las mazmorras del cuerpo
perros ladrando al séptimo sentido
tu sexo se hizo templo
magos y curas oficiaban prodigios
salían antorchas de tus agujeros
nos encendíamos al unísono

me ahogabas y te ahogabas en mi ahogamiento
y nos volvimos muy lentamente
casas quemadas que se apagan
y despiden aún nubes de humo

EXTREMISMO

Los coches comen a los pasajeros

digieren en su estómago de hierro cabezas
cortadas miembros deshechos sueños que
insultan al cielo

los pasajeros comen a los coches

en sus dientes ponen cuñas torcidas
accesorios claxon ruedas volantes que
conducen al cielo

los coches comen a los pasajeros
los pasajeros comen a los coches
tiene hambre también el Negro Gato Montés
y se lo come todo
pero las palas los contratistas
cuerpos e hierros
se meten en su boca insaciable

VARIACIONES DEL NEGRO
(1998)

VISIÓN

A medianoche llama a la puerta del establo
y entra decidido

te quiero le dijo y le ofrece
un ramo de rosas

la vaca se sorprendió
siéntese medio minuto susurró
y se apresuró al baño halagada
para pintarse un poco los labios

inmediatamente después lo escuchó decir
palabras tiernas y apasionadas
sobre su manera especial de andar
su mirada recatada
sobre su aliento con el que soñaba hacía meses
que lo calentaría las noches de invierno
le confesó que le gustaría
ordeñar con su boca sus tetas
que se enfurecía por lamer como delicia turca
sus ricas nalgas y sus caderas
o lamer el astrágalo de sus pies

hacia el amanecer la había conseguido
cayeron y combatieron salvajemente
    en el pajar
empequeñecida ella por la dulzura de la lengua

al poco sintió en ella su mortal
cuchillo afilado vendimiando sus entrañas
cortándola sin piedad hasta los huesos

cuando amaneció colgaba troceada
en la vitrina de la carnicería
y en lo hondo de su sangre
escuchaba al carnicero adularla aún
ante sus voraces clientes

AGRA

Caminaba solo por la ciudad furiosa
las máquinas mugían la multitud se apresuraba
humos y niebla se enredaban
con bocinas y acrobacias

de pronto frena a mi lado una limusina negra
saltan sobre mí cuatro hombres armados
y apenas alcanzo en el volante
a ver turbiamente al Conductor
con la apariencia de un amado alumno mío

me miraba inexpresivamente
y su mano derecha
con el índice extendido
como revólver inquieto
me señalaba

PREMIO DE LOTERÍA

Buenas tardes dijo *le elegí*
vista me

solo en un autobús del centro
un calor húmedo me hacía gotear aún
en las últimas horas de la tarde

de pronto un Traje corre a mí

pero hace calor digo *y además*
no acostumbro a llevar traje
y aquí en la calle cómo probármelo
con tanta gente alrededor

tranquilizaos
el mundo mira a su trabajo
nada de esto lo emociona
ni siquiera es necesario que se quite la ropa
me adapto a cada uno como sea
en cuanto al calor se acostumbrará y además
todos me vestirán un día

pero no estoy preparado respondo
y antes de poder defenderme
ya se había envuelto sobre mí
y me estrechaba desesperadamente

mis miembros se entumecían
y mi vista empequeñecía continuamente
él me llevaba despacio
y yo no veía ya bullir
a la gente del autobús
sino a un mundo helado
en el último clic
de mi máquina fotográfica

REFLEJO

Miro a la calle por la ventana

el Guardia de negros galones
persigue a alguien de la multitud
injuriando furiosamente

se oyen sirenas y disparos
y al poco un ruido sordo

inmediatamente después tranquilidad

hombres regresan apresuradamente
cogen los coches y desaparecen

bajo a la acera
un hombre caído boca abajo
sobrepasado por todos

lo vuelvo para verle el rostro

y a la blanca luz después del mediodía
me veo claramente

a mí mismo

LUCHA DE ÁNGELES

Entró a la casa por la puerta trasera
sus sobacos olían a petróleo
a aguas residuales no disueltas
tosía continuamente y bailaban
los muebles en su espalda
                                        no alcancé
me asedió en un rincón
y me apretaba entre sus piernas
hasta que el pecho me chupó

vi desde dentro
barcos y ciudades brillando en salmuera
y animales embalsamados en sombríos museos
veo hormigas ahogados
sal negra en salinas restregando
y al contratista raspando con ira
su memoria narcotizada
veo sangre derramada pataleando
y miembros golpeados navegando
      como anguilas

y de pronto
vistió rápidamente sus aguas

y me dejó agitándome como un pez
en el fango de la habitación vacía

el mar

EL TERRORISMO DE LA HERMOSURA
(2004)

CALÍOPE

Para ser tu amante
debes labrar
la piedra cuarenta días completos
sin descanso
y sembrar palabras
y esperar después otro tanto
para ver si alguna quedó atada
las que den fruto con luz
de Luna las vendimiarás
sin que mire ojo de hombre
y después las llevarás
a intransitables fondos de las aguas
ochenta días para que maduren
después las recogerás
a cuantas no pierdan los peces
las pondrás a tomar el sol en las cimas
a donde ni siquiera las aves salvajes
sean capaces de llegar
de forma que escurran
las aguas sobrantes
y si al final no basta
comenzarás otra vez desde el principio

salta una noche a mi despacho
por la ventana abierta
y con mirada venenosa
por qué me dice
das vueltas aquí y allá y te jactas
de que soy tu amante

para yo ser tu amante
debes servirme como un esclavo
sin comida sin agua
arañar toda la noche tu piel
y colgarla al sol cada amanecer
para martillear tus entrañas
les pondrás vinagre y sal
y si eso no basta
necesitas también fuerza
para trocearme
cuando me desfigure
y me quemes engullendo sin cesar
las cenizas que queden
preñándome otra vez
sin ningún gemido
sin ninguna esperanza

y entonces volvemos a ver

ALUMBRAMIENTO

De ordinario maduro en el cajón
como el embrión en el vientre

antes de tener sed de oxígeno
respiro las aguas
del saco amniótico
me alimento de mis carnes
devoro las fealdades
los kilos sobrantes
hasta que mi vista
se goce en el espejo
de mi autocomplacencia

maduro en la oscuridad

dispuesto a nacer
a la luz de tus ojos

HELENA

Se sentaba sola en el dormitorio
su carne libertina conservaba la memoria
y a su cerebro venían
escenas de la guerra
valientes que cayeron por ella en la batalla
héroes que se derretían por un roce
por una mirada suya

le gustaban también Paris y Menelao
y tantos otros troyanos y griegos

ahora cuando se mira desnuda al espejo
ávida de lascivia
que hierve aún en el cuerpo
ve sus arrugas como remordimientos
por los amantes que deseó
pero no la robaron

y rompe en sollozos
cuando imagina cuántas Troyas aún
podría su locura desenfrenada
piratear

EL HUESO

Eres el fruto que se abre
y deslumbra en el salvaje
hueso profundo

llora retsina por dentro
gota a gota
en mi lengua insaciable

me froto como gusano
entre el vello y el núcleo
me hundo en el barro me extiendo

hasta convertirme en blanco inmaculado
para subir a tus entrañas

ÓSMOSIS

Tu cuerpo un mar hinchado

miro cómo florecen las olas
y me hundo
me hundo en ti como río
mezclándose nuestras aguas
en el abismo de la belleza

allí donde se abre una página roja
por entre tu sexo
clavando mis inefables
poemas

los que jamás escribiré

PRESUNTO POETA

Los poemas que escribí
me persiguen por sus mutilaciones
los poemas que no escribí
me persiguen por su mutismo
soy un buscado
que para escapar

escribo todavía

INSECTO EN CUIDADOS INTENSIVOS
(2008)

LA HIDRA DE LERNA

Despierta en mí de noche
y saca sus cabezas
por los agujeros del cuerpo
al amanecer le corto una
que cae alrededor con espumas
pero el cuello cortado
germina con dos cabezas al día siguiente

hace años que combato
rodeado de cabezas
unas cortadas y otras intactas
que me amenazan persistentemente
insecto en cuidados intensivos

Inexperto olvido quemar
cada cabeza cuando la corto

DE LOS QUE DESAPARECEN

Algunas veces tarde por la noche
escucho en mi sueño enloquecidas
llamada de teléfono acudo
nadie responde

en mi turbación troceo
niño nervioso el aparato
y rompo los cables

entre la cubierta y el alambre
entre las fibras del alambre
en el auricular y bajo el marcador
acurrucadas como viejas
las voces que se han perdido
deslumbran en espejos de soledad

voces variadas lascivas húmedas jadeantes
murmullos llantos gritos
voces insistentes a veces obscenas

alegres ebrias o desesperadas
ancladas aunque vivas

escupidores de los que desaparecen la ausencia

ENCOMIO

Te levantas brillante y acero inoxidable
vertical en el paraje de la cocina
sin coincidencia e independiente
frío frente al calor
de tus hermanos eléctricos
lo que más admiro de ti
es la manera en que te expresas
el más distinguido en relación
con el ruidoso y fastidioso
tumulto del aspirador
llanto mudo canto fúnebre
alejado de los asesinatos
que mantienes en tu vientre

inoxidable simple del asesino visión
del animal degollado la última
esperanza inútil
inoxidable muy despierto muy fuerte
(sin embargo no todopoderoso)
vasos comunicantes nuestros cráneos
ocultas tú también en tu cerebro
colmenas llenas de culpas

EL COMBATE

Cada mañana que entro en mi despacho
observo en el suelo libros rotos
y la biblioteca de arriba abajo
entre los estantes se oyen sollozos
mientras arriba algunos tomos
fanfarronean y ríen con triunfo

hasta que una noche me hago el enfermo
y propago por la casa que me dormiré quizás
    inmediatamente
me meto sin embargo tras la puerta

veo entonces que los libros
combaten salvajemente entre ellos
intentando con ira mantener
un extremo en la biblioteca
combatían página a página
aullaban blasfemias e insultos
gritos de guerra resonaban en el espacio

unos pocos parecían invencibles
y algunos mostraban que ganaban

pronto su sitio pero
la mayoría se volatizó
y heridos seriamente
o muertos caían al suelo.

SUSPENSE

El hombre que calla
es un ovillo de miedo
que se deslía interminablemente
en ningún sitio

el hombre que tiembla
es una trucha ensangrentada
en las redes del cielo

el hombre que llora
es un niño que inesperadamente
perdió a su madre en soledad

el hombre que ríe
nerviosamente sin parar
es porque le falta
el tercer ojo de la mujer
es digno el hombre
pero no tiene trompa
ni venas ríos
donde se bañen desnudas
las seguridades

LA CHUPA DE CUERO

Abro el armario y elijo
la más cálida —afuera un frío picante—
mi querida chupa de cuero

al momento de ponérmela
se vuelven manos sus mangas
mejor pies de animal con uñas afiladas
que me agarran por el esternón
me siento por mi espalda
un pecho de felino
y mi respiración se corta

me aprieta despacio
—escucho que mis huesos se parten—
y sin embargo
al precipicio del miedo
veo que bajan
cuerdas y escaleras de expiación
apenas me arrastra un uñazo
desde el cuello hasta los glúteos
comienza también a desgarrarme sin piedad

la pantera negra

INSTANTÁNEAS DEL CUERPO
(2014)

LIBACIÓN

A medianoche llega del bosque
entra en la casa a escondidas
con mascarilla para no ahogarse por el barniz
mira a sus hermanos desconocidos
temiblemente embalsamados
y les deja un ramo
de aromas de la patria

EL PRIMER REGALO

Nacimos en el mismo instante
de la misma madre que te apoyó
sobre mi cuerpo como regalo

jamás me separaba de ti
te lavaba te alimentaba
jugaba te acariciaba
incluso aunque rascaras mi carne
mis vinilos mis libros y mis papeles

como si te hubiera heredado
animal doméstico no deseado
tanto me había acostumbrado a ti
que ni siquiera distinguía ignorante

tu uña que maduraba

EL BASTÓN

No soy el que era
ni siquiera seré el que soy

siempre una Circe ininterrumpidamente
me apoya con su bastón

UTOPÍA

La eternidad me marea

en los brazos de la destrucción
mamo mi tiempo con seguridad

EL SÍNODO

Casi insistentemente me sigue
sin preguntarme
se enreda en mis pies callado
unas veces va delante otras detrás
y otras veces aparece por los lados
a veces me irrita
pero cuando desaparece
me siento la mitad

hasta que un día por donde caminaba
se despega de mis pies
y da con sus huesos en tierra

era la primera vez que lo veía destrozado
yaciendo inmóvil
inmediatamente sentí que me faltaba algo
me miro me cojo
pero no tengo cuerpo

soy una sombra
y una sombra en la tierra

mi cuerpo

LA RESTA

Siempre me lleva consigo la resta
llena de miedo y a la vez de hermosura
primera película negra que te inmoviliza
con todo y más suspense

cuando el sustraendo
aumenta diariamente
acercándose al desconocido
precio del minuendo
la diferencia cabalga en el cero

que de pronto te atrapa en su nudo

LAS MONEDAS

Padre grito
qué buscas allá arriba te caerás

tendido arriba de la cama en el vacío
mirando el techo con ojos abiertos
y la mano buscando en sus bolsillos

no temas me dice
y qué voy a hacer
ya me cansé de la carga de mis días

triste se bebió su conversación
pero de pronto su semblante resplandece
y como cuando yo era niño
no me estés ocioso
me riñe tiernamente
ahora no tengo tiempo

se calló y siguió imperturbable
buscando insistentemente en sus bolsillos
hasta que turbado
me agarró del brazo

hijo mío se me salvó todo
por si te aparecen monedas para el peaje

EN LA TIERRA DE NADIE
(2020)

EN LA CUERDA

Aguas turbias del río
y ningún rumor de ave
sólo rapaces graznan
afilando sus picos
y el aire le peina sus cabellos
y lo castiga murmurando
sin embargo por su propia parte
nada se mueve

en la tierra de nadie
tras días ya hace viento en la cuerda

ESPANTO

De pronto las patas de la mesa
echaron raíces y agujerearon el suelo
llegando rápidamente a la tierra
y después sus esquinas echaron yemas
que no tardaron en florecer

miraba sorprendido admirando
—*ahora comeré a la sombra,* bromeaba—
pero después me asusté
no se avenía a los otros muebles
rompió el orden
donde se oyó una mesa florida
qué dirían mis amigos
y además
puede coger todo el espacio
e incluso abatir la casa
si las raíces avanzaran hasta los cimientos

y así sentí mucho más miedo
tanto que comencé
a buscar el serrucho

EL PARTY

Me esforzaba en encontrar qué ponerme
para este mask party de los condiscípulos
después de tantos años
hasta que saltaron de mi interior
mis primeros yo
Trelantonis y Mikrós Serifis
Don Quijote y Bolívar
Casanova y Sherlock
y otros salvajes y revolucionarios
inadaptados y soñadores
y especialmente amantes de la belleza

me asediaban asfixiantemente
suplicando que los reviviera
aunque fuera por un momento
que los personificara de nuevo

pero ya había cogido la vuelta

y era tarde para una representación
así cobarde e insignificante
con el alma en las manos y los dientes rotos
fui al party sin disfraz
yo solo una triste disonancia

ARETUSA

El sol brillaba en los cristales
las piedras blanquísimas de la lengua de la
marea
y nosotros jugando en las orillas

alrededor gaviotas y garzas
y en los barrizales ranas alborotadoras

te perseguía y corrías
estupefacta entre la hierba
te deslizabas en el rocío y te apretaba
durante horas en mis brazos gorgoteando
hasta que en cierto momento
me convertiré en fuente me gritabas
me entró risa y me carcajeé
y tú inmediatamente desaparecida

de lejos se oían aguas y aire
pero alrededor silencio

sólo juncos y adelfas
hasta que comprendí que el río era yo
proyectil entonces hendiendo el mar
vengo lleno de espumas a encontrarte

CUADERNO DE AUSENCIAS

Escritor de ausencias durante años
correcto galgo en su clase
nadie se le escapaba
pero apenas escribía la ausencia
sentía a la vez turbación y contento

falta no está aquí deliraba
y la sala se llenaba de presencia

lo mismo sucedía en su casa
hoy madre faltaron Efi y Akis
y mágicamente los traía ante ella

vivía con sus ausentes

ahora en su vejez profunda
sólo una cosa le preocupa
que se señale regularmente en el cuaderno de
ausencias cuando falte

no sea que el escritor de ausencias
tuerza los ojos

y especialmente que no suceda
que no conciba
su ausencia

CRÓNICA

Como correría juega con el peligro
flirtea sin causa con la pérdida

miradas salvajes y en el aire dos
o tres intentos no la intimidan
pastaba mi ira zumbando
ante mi nariz impúdicamente
intentaba atracar en mis oídos

en un momento se tranquilizó
tomó oblicuamente mi ojo
becada que escapó del cartucho
para descansar sobre un libro
—quién sabe qué planes elaborando—
hasta que se escuchó el ruido
y un negro jugo viscoso
se extendió en el extremo de la cubierta
   trasera

sacudí el libro y le di la vuelta
Gabriel García Márquez
Crónica de una muerte anunciada

71

CODA

Siempre tú vencerás al final
lo sé

me esfuerzo además
en jugar contigo a lo mismo
saboreando hasta la médula
el placer de mis pequeños trofeos
y si consigo al final
poco antes de que termines conmigo
intrigar mi suerte
tomaré aún una respiración profunda
y sacando de mi manga un as
te obligaré a la prórroga

ROSA EN ESPEJO
(2024)

BELLEZA

Imprevista circula entre nosotros
flirteando con los vencidos

a veces se hunde con frenesí en las palabras
y las aguijonea para que se escapen
antes de que el guardián feche
otras veces se vuelve ilusión
del agonizante de que su palabra puede quizás
fragmentar la cuerda en manos del verdugo
o de los ahogados que el mar un día
devolverá vivos

algunos comulgan y se enamoran de ella
con pasión impotente porque ella
rara vez se entrega a alguien
mientras a otros les parece indiferente
puesto que en su rostro
ven el entierro de los actos
y en sus palabras la mortaja de las cosas

todos sin embargo tiemblan ante su hermosura
lámina de cuchillo sedienta de crimen

PELIGRO

Pasas y tu belleza ondea
rosa en espejo
tu escote arrogante
se abre y cierra y mis dedos
vendimian el Erebo que florece en la hendidura

aromas y sonidos emergen
de los miembros de tu cuerpo
mis labios holgazanean en las tetas
y el deseo me rodea por doquier
pero de pronto olfateo que tú
falseas los anzuelos con verbos

sin embargo yo te deseo con sangre
ven no quiero hacerte poema
no quiero castigarte
en el laberinto de las palabras
para que te engulla el monstruo

ven y no resistiré
que mis extremos queden en el aire

EL ESPEJO

Te miro que te miras
desnuda durante horas en el espejo
y no soy capaz de comprender
quién es el rehén
el espejo de tu cuerpo
o tu cuerpo del espejo

uñas en mi mirada la belleza
de manera que el pensamiento se desconcierta
y no sé si ardo
por mi cuerpo real
o por aquel que resplandece
en el espejo

rehén seguro de los dos

EN UN RINCÓN

Después de meses
encontré finalmente el coraje
de volver a entrar en tu habitación

alrededor las cosas
inmóviles y reguladas
las mantas extendidas a la perfección
la bata en la espalda de la silla

todo bañado en el silencio
hasta que en un rincón
veo que me miran encogidos
como niños gemelos que de pronto
perdieron su mundo
dos gatos llorando en silencio

tus medias madre

NOSTALGIA

Regaba las flores en el patio
mas el agua encontró vena y la motivó
no le eches mucha me aconseja
las hojas se enrollan y palidecen
mientras los pétalos se ajan poco a poco
y la planta parece triste
deja que me ahogue yo también
sola en la casa de madera
deseando ver las flores
desde aquí sólo observo raíces
con ojos que destruyeron
las agujas de la tiniebla
no se aguanta te digo no puedo
me coge la nostalgia

y la nostalgia aquí abajo hijo mío
es peor incluso que la negra tierra

EL ATRACTIVO

Con el bastón aparta la oscuridad
para pasar para salir a la luz
para ir al día siguiente
sin embargo tiene dificultad no la ve bien
y cómo ver a esa edad
negro espeso en la noche
la oscuridad maligna
lo rodea por doquier
se convierte en cepo inmenso
y dentro el viejo ratón
se lame los dedos y saltando
pellizca el queso que brilla

todavía como día espléndido

JUVENTUD

Joven en mi contento
pensé como superávit
guardar unas pocas pastillas
jóvenes para la vejez

cuando llegó el momento
fui a preguntar al médico
no las tomes me dice
las pastillas jóvenes
no son para tu edad
dañan las células del cerebro
y producen puerilidad
enervan los nervios de los ojos
creando ilusiones
producen incluso infartos
pero el efecto secundario más temible
es que provocan

una nostalgia irrefrenable

ÍNDICE

ÍNDICE

VARIACIONES DEL NEGRO
(1998)

EL TERRORISMO DE LA HERMOSURA
(2004)

INSECTO EN CUIDADOS INTENSIVOS
(2008)

ROSA EN ESPEJO
(2024)